La dicha
sin nosotros

poemas

JOSÉ ANTONIO SANTOS

ISBN:0-9767643-0-X
ISBN- 978-0-9767643-0-4

Imagen de cubierta
Two men standing on grass field
de Andi Rieger

Su obra se puede disfrutar en
https://unsplash.com/@andirieger

Para los que viajan juntos

Los amorosos se ponen a cantar entre labios
una canción no aprendida.
Y se van llorando,
llorando la hermosa vida.

Jaime Sabines

INDICE

I. INVITADOS AL JARDÍN

II. EL DELIRIO ES ESCOMBRO

III. EL VERBO ES UNA AUSENCIA

IV. SE DISFRAZA LA DICHA

V. EL FUTURO EMPEÑADO

La dicha
sin nosotros

I

INVITADOS AL JARDÍN,
¡ay, desterrados!
Desterrados de la luz
que ya atisbaron
con verbo ciego,
con el lento naufragio
de sus deseos.

Así, desde el asombro
hacia el delirio,
hasta el frágil desnudo
de un unicornio.
Duermen y sueñan,
y en su sueños visible
la duda inmensa.

Lamparitas de aceite
son sus palabras.
La penumbra se aleja
sin decir nada.
¡Cómo les hiere
que se agote la lumbre
cuando se duelen!

Hay un espacio dulce
y florecido
en la quietud de tus palabras,
un lugar habitable, tejido
de suave hermosura
como las uvas y los lirios;

es casi un hogar de ventanas
anchas y muchos balconcitos
abiertos a un cielo
de estrellas infinito;

es, un espacio quieto
en un tiempo detenido,
sin prisa y sin afán,
como niño
que cansado de jugar
con su Rocinante caballito,
descansa sereno,
desnudo y dormido;

es un espacio tierno,
afable y pensativo,
como mar amable
para surcar distraído,
en aire de adagio,
tranquilo y perdido…:

entresueño que me dices
y que sueñas que te digo
en algún recodo alto
del camino.

Disfruto verte andar con esa ingravidez
cuando te alejas cada día hacia tus cosas,
y pienso en lo que piensas,
en cómo te sientes a ti en tu sombra
sin mí, en cómo respiras en tu aura,
con qué aire y de qué forma.
Y me pregunto si me llevas en tus venas,
si te apoyas en mí cuando te toca
la duda en la distancia,
allá en tu lejanía, en tu costa,
si ansiarás regresar
a este querer que se deshoja
y se descarna por ese tedio
de mi piel y de tu boca,
que envejece nuestro tiempo
juntos, que pega y que agobia,
que siempre ignoramos
y que nunca, por piedad, se nombra.

La vida parece siempre la misma
cuando te levantas primero,
te rascas y te vistes y te peinas,
me duermo y de pronto despierto
cuando cierras la puerta sin despedirte
por temor a perturbar mi sueño.
Luego, con la lluvia de hoy lunes
igual a la de ayer, beso
y deshojo otra incierta margarita
en mis adentros,
con mucha esperanza,
en silencio.

Me acerco a la ventana
y te veo ya tan lejos,
alejándote, allegándote a tu rutina,
mientras me allego
yo a la mía que me traga un día más,
y rodamos por el tedio
de las horas,
hasta que regresas, y regreso,
y nos contamos cualquier cosa
con tanto entusiasmo, con esfuerzo,
para que parezca que vivimos,
que escribimos un cuento nuevo,
y que todo se renueva
en un irrepetible ensueño.

Demasiado cerca estás
para que yo te note,
para que me hagas falta
como al silencio las voces.

Demasiado cerca, demasiado,
y tus ojos familiares como adioses
me miran, espejos de mi alma
que no conozco ni me conocen.

Demasiado cotidianas, como esas sillas
aburridas día a día en los rincones,
las palabras que agonizan
en nuestros disonantes acordes.

Demasiado tibios, demasiado,
los besos y sus sudores
que nos dejan tan fríos,
desolados y pobres.

Un espacio sin distancia,
pero profundo como un bosque
sembrará de auroras nuevas nuestro cielo,
segará abundante la mies del goce.

Tienes que irte hacia ti
a vestirte de adioses,
a desnudar tus adentros
de viejos amores,

a sentarte contigo
en tus silencios y voces,
a llorar y reír
en tus grises rincones,

a crear una lluvia
que tus calles desole,
y poblar tus aceras
con tu propio nombre,

a llenar una luna
que alimente tus noches,
a latir en la brizna
de tus trémulos soles,

a girar en tu eje
como espléndido orbe,
y segar las estrellas
con tus propias hoces,

para que veas al fin
que somos acorde
de notas disonantes
que sí se corresponden

en ese pentagrama
que es la vida enorme
con su mezzo piano
y dolente forte.

Soy tan egoísta que a mi antojo
tu muerte me acompaña
desde que empecé a quererte.
La escucho latir en tus palabras,
en los pétalos de esa margarita tuya
incierta y deshojada.
La invento a menudo:
rondando tu silla, sonámbula,
bordeando tu pelo cuando te peinas,
bailando contigo cuando bailas,
riendo, conmigo. La invento para verme
doliente, con el alma amortajada,
para sentir tu ausencia en mis brazos,
mis tardes y mi almohada,
para entonces celebrar que no es cierto,
que estás aquí, aquí en mi nada,
desde mi casi alegre noche gris
hasta mi casi festiva mañana,
cuando —lo quiera Dios—
egoísta y doliente tú te acompañas
a tus designios con mi muerte,
que te une a mí, como magia.

¿Por qué me lees?
¿Qué esperas encontrar
en esta desnudez,
translúcida como un espejo, rota
en sus anónimos rincones,
allá por donde ronda
el descalzo y desolado azul,
perdido, sin aroma?

Sabrás que, por tu insistencia
ingenua y loca,
ya te escurres
por mi nostalgia honda
hasta el origen de estos versos
que es mi desolada costa,
y juntos palpitamos
en sangre que reposa
en mi sistólico abrazo
y tu diastólica boca.

Me encuentro en este andén
que nunca he visto, ni conozco,
con esa recurrente nostalgia
de llegar a algunos ojos
que me arrullen sin palabras
ni razones. Y como locos
en cualquier callejón, a oscuras,
entregarnos con ilusión de novios
que se quieren desde siempre,
sin lazos, ni historia , ni rostros.

Ir, solamente ir…
como si huérfano, solo,
como si al fin, como si… nada.
Yendo, acompañado del insomnio,
como si cada día no fuera yo,
sino otro.
Yendo, como si algún día,
como si al fin, como si… todo.

Pero quedo, inmóvil de cuerpo,
ligero de alma, nervioso,
soñando con aquel andén
y aquellos recodos
de caminos que me miran
de lejos, desde lugares remotos.
Aquí entre dos aguas, quedo:
que si el andén y aquellos ojos,
que si tú y los ojos tuyos
que sí conozco.

Eres lo más parecido
a ese ensueño imposible
que me mira de lejos
con los ojos tristes
porque no se cumple,
porque parece irse
sin haber llegado,
sin yo poder asirle,
   ensueño que ronda
en lo que no me dices,
en los versos callados
que no me escribes,
   que quiere encarnar
en la muerte que nos vive
en los días que nos mueren
tan despacio y tan sutiles,
  que insiste en ser
ilusión irrepetible
que no duele nunca,
tan liviana y apacible,
   ensueño sin nombre
que palpita invisible,
que flota en la niebla
del "nosotros" indecible.

II

EL DELIRIO ES ESCOMBRO,
caído cielo.
Escombro de la sangre
hasta los besos.
Verbo y delirio:
dicha herida y escombro
dulce y roído.

Por la sombra del verbo
el alma huye.
Por ansias de delirio
se va sin lumbre
mientras el lecho
va escombrando de lunas,
delirio y verbo.

El silencio los une,
poción de brujo,
los hechiza el sendero
de plenilunio.
No digan nada,
que se escapa la niebla
por la ventana.

Te sé aún lejos de cuerpo
porque te sé lejos de alma
tan a menudo, detrás
de tu ojos que no me hablan
cuando no me miran
a los ojos tus palabras.

Te sé en la piel
que ansía y que extraña
-al filo de la frontera
que nos separa-
rosas blancas en tus dedos
por mi espalda
       suavemente, con ternura,
       con pasión velada,
por mi pelo
   tiernamente,
     con el alma clara.

Te sé tan lejos
cuando cerca de mi cara
tu sonrisa luce
ausente, fría... extraña,
como si algún andén
lejano la dibujara.

Pero espero con fe,
con fe de fiel esperanza,
un alba de luna tuya
constelando mi ventana
en mis noches y mis días
de velada y añoranza,
en los residuos dispersos
de tu alma y mi alma.

Hoy te cautivó una mirada
y mi alma desvalida,
al ver tus ojos echar alas
y volar ardiente a esas pupilas,
se escapó de mi cuerpo,
corrió y corrió despavorida.
Se fue por el tiempo
a no sé qué lugares, herida,
a vagar con gitanos
por lunas y sendas sombrías,
y por allá se vio rodando,
cayendo, caída.
sin nada en la manos,
con voz en pena, sin vida,
llorando en su canto, gimiendo
dolida.

De pronto regresan tus ojos,
pero no a mis pupilas;
se quedan vagando,
como un barco a la deriva,
solos, sin norte ni vientos,
sin una ruta fija.
Me miras de lejos,
desde una niebla que te habita
los poros, la calle, tu andar,
y tu alma fugitiva
que no sabe regresar
al "nosotros", alegre, viva.

Te miro y enrabio en silencio,
suspendido del hilo de esta vida
nuestra, pero me sostengo
y te sujeto, y tú me ases, y me miras,
y yo te miro y te perdono
por no perder tu orilla

y tu sombra aquí a mi lado
que me acuna y me cobija,
pero más que nada,
y aunque no lo admita,
por saber que mis ojos
al igual oscilan,
y se van por ahí, por otra acera
de otra calle de otra vida.
¡Ay te perdona mi alma,
desprendida!

Que seas ahora, ahora mismo,
en un horizonte nuevo,
persona extraña, extraviada,
alma libre en puro vuelo,

perdida de sí misma,
sin amarras, sin recuerdo,
sin nombre, ni palabra,
ni razones, ni recelos.

Llegas, te cobijas de la lluvia
aquí conmigo, sin aliento,
en este abril que moja
los techos y las horas y el silencio.

Te quedas y te haces huésped
en este momento etéreo,
y me tomas por asalto,
sin mediar palabra, el cuerpo,

y me engañas tú conmigo,
y me dejas un incendio
que deja en cenizas
nuestro espacio y nuestro tiempo,

y te engaño yo contigo
y me abismo y me pierdo,
me pierdo de mí mismo,
sin amarras, sin recuerdo…

A veces cuando no estás,
siento que me puebla
una tristeza. Viene
a hurtadillas y me deja
desnudo de voz y de ganas,
en un vahído que me niebla
el camino a lo que soy,
a lo que era
antes de ti, antes de este castillo
nuestro de arena
que lucha contra el viento
y la marea que lo acechan.

Pero a veces presiento
que esta tristeza
tan agobiada
no nace de tu ausencia,
frágil, penumbrosa y liviana,
ni por no encontrar respuesta
a esos fantasmas
que fraguan azules quimeras
desandándonos la vida
en nuestras inciertas fronteras,
en el polvo que somos
de ese algo que apenas destella.
No. Es casi por no poderme decir,
desnudo y con certeza,
qué es lo que echo de menos
de ti, qué es lo que sueña
mi alma de ti
cuando te sueña.

Me miro en esa foto,
—el Sena y Notre Dame
a mis espaldas—
solo yo en un julio
que acunaba
mis horas y mis dudas
y mis ascuas,
en ese almanaque ya lejano…
ay caído yo, sin alas,
resignado a aquella travesía
en la que todo era divagar
con tantos rumbos por delante
que tristes me esperaban,
            pero uno por fortuna,
bajo el sol de una nueva madrugada,
me traería tropezando hasta ti,
—senda mía ya trazada—
a esta otro foto
con nuestras miradas,
como alegres, recordando
aquel mañana,
la verde y gozosa vida,
las nuevas ansias blancas

Y el Sena con su abrazo
y rumor de luces, promesas de nada,
parpadea y se aleja
allá en la distancia,
en el paisaje nuevo que has sido tú
desde mi azul ventana.

Gravitando día a día
hacia más de lo que somos,
sin saber si lo que somos
lo queremos
el uno para el otro
después de tantos años
-de tanta duda en los recodos-
ocupándonos las sombras,
el aire y el "nosotros",
espacio indistinguible
a nuestros ojos,
tejido homogéneo
que componemos, lodo
y cielo, semblantes
de un incierto cosmos
que late en el misterio
que encerramos, polvo
y hambre, espejo roto,
opaco, azul y hondo,
ensueño amargo y dulce,
descalzo y loco.

...me rasgas el día
en tu enojo
me rompes el aire
los huesos del aura
con silencio mordaz
socavas los puentes
revelas el frío
escondido
me callo y te observo
y te quiero
ya lejos
me veo
en mi sombra
sin ti
ardiendo
regresas despacio
sin pausa y con pena
disipas el frío
restauras el velo
mi aura los puentes
mi aire
y el día
te rasgo...

Para ser fiel,
de vez en cuando
me voy por el umbral
—mientras te abrazo—
y regreso hasta mi estío
para vivir aquel relato
de aquel amor que guarda
aún el sol en el ocaso
—mientras me ases—
y ardemos como diablos
en aroma de luna,
ondeando, encantados.

Y entonces regreso a ti
—mientras regresas— fiel, de blanco,
por ese mismo umbral,
con una sonrisa en los labios,
—mientras te beso—
con los ojos cerrados
y un ardiente y frío amor
entre las manos
de un "nosotros" perdido,
extasiado y sonámbulo.

Espérame
mientras soy otro,
quédate aquí con tu fe
puesta en mí, como
si no me hubiera ido,
como si todo lo que somos,
ahora mismo, quedara intacto,
sereno y melodioso.

Espérame
en este recodo,
como acostumbras,
mientras me alejo solo,
mientras me encuentro
con aquello tan otro
que soy a veces, sombra
perdida en los rostros
de esos que se miran
seguros, ingenuos, amorosos,
como fuimos hace tiempo
en nuestros cuerpos temblorosos.

Espérame en lo que juego
al amor en esos otros
y me pierdo en su cuento
insaciable de locos.

Espérame que voy con ellos
a reírnos como tontos,
a contar nubes y estrellas,
y hojas de luna en un pozo.

Tu carencia y la mía
nos tejieron una trampa
con tanto que no somos,
con nuestra tanta nada.

Nos unieron en el fuego
de sedientas ascuas
de múltiples colores
sin llama.

Nos acunan cada noche
cantando una callada nana
que nos duerme las horas
de nuestra vida azulada.

Nos inventan cada día
respuestas en el alma,
y deshojan con mucha fe
nuestra indecible esperanza.

Carencia y carencia,
vacío y sed y nada,
alma con alma tejidas,
temor, abismo y ancla.

III

EL VERBO ES UNA AUSENCIA
gris y perdida.
Hojarasca en los labios
enardecida.
Gnomo travieso,
antifaz del delirio
y de sus ecos.

En la voz de ese gnomo
ciertas riquezas,
y el alma como un cofre
que las reserva.
¡Tantas canciones
aspirando hasta el cielo
sin ningún nombre!

Son las frondas del verbo
sombras de aves
que remontan su rastro
para librarse.
Luz de lo oscuro,
se confunde en la cueva
de sus conjuros.

Me gusta
cuando te olvidas de ti
cuando me miras.

Me gustan
tus ojos perdidos
cuando me buscas.

Me gustas tú
distante de ti
cuando me encuentras
distante de mí
cuando te busco.

Hoy nos veo
tomados de la mano,
surcando juntos
por ese adagio,
pausando ante cada arpegio
que nos sirve de descanso,
para que olvidemos,
aunque sea por un rato,
nuestra luna herida
en la carne, menguando,
y las rémoras que somos
a veces, no sé, a diario,
el uno para el otro,
en cada abrazo.

Hoy nos veo, ¿nos ves?,
con cariño, regresando
a tanto que fuimos
en este viejo retrato.

Y gritamos al aire
      con ansias nuevas, bien alto,
      buscando rescatar ese ayer
      para poder acariciarlo.

Y nos miramos, sinceros,
    con el pecho apretado
    escuchando el eco
    de nuestros antiguos pasos.

Hoy nos vemos
sedientos, nostálgicos,
      esperando mucho,
      esperando tanto.

—*En amor* el único que gana
es el que queda—,
nos decimos maniatados
en el alma, con torpeza,
para asirnos cautivos
sin que nadie lo vea,

aunque a mi lado
    a veces todo sea
    lodo y ruina,
    sed y guerra,
    palabra que intimida
    en sombra de seda,

aunque a tu lado
    a veces todo sea
    un profundo abismo
    que no cesa
    de caer, desde el alma
    hasta el barro, por mis venas.

—En amor el único que pierde
es aquél que se aleja—,
    nos mentimos,
    con voz de color niebla,
    ignorando la luz,
    ignorando lo que cuesta.

A la luz
de un copa de vino,
me siento a menudo a pensarte,
a estimar lo que tú has sido:
miro ahora tu ternura
que tan a menudo atisbo
desde mi ventana entre abierta
en vilo,
y a pesar que me deja
como un pozo, tranquilo,
y me salva del barro,
del polvo, de mí mismo,
de lo que soy
y de lo que no he sido,
te descreo como un necio,
desterrando las ganas,
los nervios y el delirio.

Confieso que te he malamado
con tanto abrazo tibio,
y me temo —derrotado yo—
que en tu dolor tan íntimo,
        tan espeso de bruma
        y de apagado grito,
        te hayas cansado ya,
        te hayas marchado sin ruido,
        lejos del nosotros tan nuestro,
        aunque carcomido,
y que sea mi pena, mi yugo
y mi castigo
        el no notarlo,
        el estar sin ti,
        aquí contigo,
        y encontrarme solo
        y no poder conmigo.

Me digo a veces
cuando la luna me acecha:
si me quisieras, sí,
si me quisieras,
con descalza y desnuda
certeza,
sin la duda que desdora
tus abrazos y tu entrega,
me acercaría a ti
con todos mis gozos y penas,
sin palabras,
para que tú me entendieras,
rompiendo mis alas
para que al fin me tengas
en este ahora
sin ecos de ayer, ni huellas;
te hablaría de otras cosas,
te andaría por nuevas sendas
que nos constelen por dentro
luminosas estrellas,
le confiaría a la noche
que nos acune y nos duerma
juntos al lado del camino,
sobre la fresca hierba.

Me digo así tantas veces…,
pero no sé si me entiendas.

Me canso de tantas veces
querer ser otro,
aquél que ansías que yo sea:
otra risa, otros gestos, otros poros.

Yo no me quiero así,
con máscaras de un polvo
ajeno, disfrazado de una otredad
de múltiples rostros,
extraños que no me comprenden,
que me miran como a un loco,
como a un intruso anónimo
extraviado en mis propios recodos,
mientras tú vives otros sueños
muriendo en tantos ojos
que te miran desde los míos
allá lejos, tan lejos de mí, remotos,
desde un pasado tuyo
que te acecha con sus viejos gozos.

Búscame a mí
en mis propios ojos,
deja que sea yo el que te mire
desde mi semblante roto,
reflejado, con su grito inerme,
en el fondo.
Asómate a lo que soy
y no esperes que sea otro,
no sea que seamos
algo incierto, borroso,
y que la dicha que nos toca
se quede allá lejana, sin nosotros.

Cuando no estás,
mi alma corre descalza por las calles,
se entrega desmedida
al huidizo aire,
entra en alguna iglesia
con tu alba y ocaso a raudales,
se arrodilla en presencia de Dios,
de algo, no sé, de nadie,
y pide con ansias por ti,
por nosotros y nuestras tempestades
y la calma que sigue, siempre,
confusa, constante.

Luego regresa a este espacio
y bendice este tiempo entrañable
cuando no estás,
cuando apareces por esos ojales
de la distancia,
como luna llena, clara y afable
—desde lo creciente
hasta lo menguante—
y se dice mi alma una vez más,
¡qué bueno es extrañarte,
qué bueno es que no pueda
ahora asirte, ni oírte, ni besarte!

...y espero que nunca será,
como una sed de ti,
y como que sueño,
y parece que te inhalo
y te bebo,
pero entonces,
entonces despierto,
y sigo solo aquí,
tan solo y sediento
de ti, ay de ti,
de ti tan sediento,
y parece que me tumbo
sobre mí, que muero,
en la ausencia de ti
mientras espero…
que eso nunca,
nunca será, yo espero,
y me gozo que sigues
conmigo, que te tengo,
ahora y aquí,
que no es sueño…
que te bebo.

...en la ausencia
que viene que llega
algún día
tu voz me llama
de lejos
de lejos
te llama mi voz
en pos el uno del otro
acudimos
ansiosos
corremos
se estrecha el tiempo
se detiene el espacio
se ríe la ausencia
lloramos los dos
cada uno asomado
en alguna ventana
con la tristeza
tristemente apoyada
en el codo

A pesar
de tus abismos
y temores
mis demonios
y rencores
a pesar
de lo que pesas
lo que peso
aquí quedamos
sopesando todo
a pesar de todo
a pesar de los pesares
por lo que fuimos
por lo que somos

IV

SE DISFRAZA LA DICHA
con acertijos.
Con antifaz del bufón
que es uno mismo.
Mírate cerca
que te mira la duda
que a ti te inventa.

Mirar de dos abismos,
nace la dicha.
Abrazada a la pena,
son una misma.
Risa y sollozo,
como el agua y Narciso,
rostro con rostro.

Dicha y pena te claman
desde la cuna.
Van contigo en tu sombra
por sol y lluvia.
Siempre presentes.
A tu lado en el lecho
cuando amanece.

Porque estás
no ha vuelto a zarpar
mi nave, pero guardo temeroso
—todavía hoy— una carta
náutica en mi mente,
por si la duda resurge, levar anclas
nuevamente, navegar
por otras aguas,
con vientos nuevos en las velas,
con nuevas añoranzas,
sin mirar atrás, aunque de frente
no me espere nada,
ni nada me sueñe,
ni me haga todavía ninguna falta.

Y los días se suceden,
y no pasa nada,
y mi brújula —cubierta ya de polvo—
me mira con ojos que anhelan y extrañan
señalarle el camino
a mi nave aquí en puerto, extraviada.

Huyo de ti
por estos versos,
por este camino
incierto
huyo del dolor, del desengaño
que te provoco, como un necio;
de la cruel redención
de tu perdón,
huyo, cobarde, huyo por eso,
para que no me arrope
el aroma azul de tu cielo,
ni los pétalos de tu pena
estoica, silente en tus huesos,
ni la brisa de tus palabras
suaves, tierna como evangelio,
para no tocarte
con mi abismo y mi tormento,
para que no descubras mi nada,
ni los lirios marchitos aquí en mi huerto,
ni la triste y desolada orfandad
que es mi aposento.

Huyo por esas cosas,
por no quemarme en tu fuego
que me abrasa con sus llamas
y me tiene prisionero.

Pero al sentirme solo
y de ti tan lejos,
sin poder vivir la vida
que contigo muero,
me veo regresar a ti
cabizbajo, en silencio,
poco a poco
por los mismos versos,
por el mismo camino incierto.

Es esta vez que te alejas
con ganas de estar distante,
que te marchas más allá del aura
que compartimos, para respirarte
en tu propio espacio,
en tu propio aire,
para asirte con tus propios brazos
y poder rescatarte
de eso indefinido que somos,
luz y sombra, semejantes.

«Sólo unos días» dijiste,
y en la distancia, por tu calle,
mis pasos te siguen en tus cosas,
en tus pensativos ramajes,
en lo que creo que piensas andando
sin mí, y casi puedo escucharte
decir «ya iré de regreso, ya pronto,
el tiempo nos sana, distantes,
el espacio tan nuestro
me pide volver, volver a acercarme».

Y mi alma se sienta con fe,
alegre, a esperarte,
aliviada de que aún ahora
no sea demasiado tarde.
Y respira hondo
un sereno y tranquilo aire,
frágil por demás
y lastimable.

Otra vez, la soledad,
esa forma de
destierro
que quema los puentes.

Otra vez, el dolor,
ese intruso
que se hace
huésped.

Dolor y soledad
juntos,
como tú y yo
juntos,
en inseparable
doledad.

Ser en tu vida   [*Contracanto a León Felipe*]
como aquel romero
que pasa por los días
sin tiempo,
una vez sólo, trépido
y ligero,
no es amor mío jamás,
jamás lo que yo quiero,
sino ser fiel
hortelano vertiendo
alma con brazos,
corazón entero,
por todo lo que eres,
por todo tu huerto.

Día a día, constante,
por allí me veo,
andando sólo contigo
allá en tu suelo,
una y otra vez
con verde anhelo,
por ese camino familiar
y duradero
de abrojos y lluvias
y ensueños,
de lunas y eclipses
en largos desvelos.

Ajeno a otros mares
y a otros vientos, y firme
bajo este mismo cielo,
canto los días a tu lado
y celebro,
que tú rehúsas también
ser romero...

aunque aceche con ganas
el vil y mordaz desaliento.

No sé por qué
me siento de esta manera,
con las manos cruzadas
sobre el pecho, en una larga espera,
mudando la piel del alma
que ya no palpita ni sueña,
y tú aquí sin mí,
con toda mi ausencia
tantas veces a tu lado,
como una inmensa noche negra,
y yo también sin mí,
sin entenderme, sin respuestas,
doliéndome de un vacío voraz
que de ti y de mí se alimenta,
que nos corroe los instantes
cuando debiéramos, como sea,
endulzar nuestras soledades,
des-sosar esta vida que nos lleva
      por abismo y luna
         y azul y sed y piedra,
y volver a nacer
en nuestra olvidada inocencia,
a reposar en el antiguo gozo
que poda las ramas viejas,
que exalta y revive,
y desnuda y renueva.

Me prolapsa el corazón
cuando telefoneas a tus ayeres
porque te ausentas de mí
allá en tus vergeles
donde siegas aún
tus pasadas mieses
en algún campo lejano
que vibra y florece
en tu alma,
en tu huerta mente,
donde no alcanzo oirte,
ni sentirte, ni verte.

Te escucho tan lejos,
como tú lo quieres,
desde este cuarto contiguo
que en silencio duele,
a donde vendrás ahorita,
blancamente,
a contarme a medias
con palabras breves,
para no tener que mentirme
de esos ayeres
que aún te rondan, te viven
y nos mueren.

Siempre me parecen tristes
estas tardes en el mes de marzo
con sus cielos de leve azul
de cúmulos moteados

me recuerdo en mi niñez
precisando esa tristeza
que vivo hoy aún
aquí a tu lado

mientras duermes sin saber
de estas tristes tardes
que recreo que me vivo
en el mes de marzo

Siento mi corazón nuevamente
tan concurrido de mis carencias
que te necesito abrazar
con mi amontonada miseria,
pero duermes aquí a mi lado
en tu paz. Y mi soledad
me dice que no te debo confundir
ni perturbar con esta pena
tan llena de huesos amargos,
de desangradas cavernas.

Colgando del barranco
de mi espesa niebla,
te observo en tus sueños
que te sostienen y te juegan
a lo que más te ilusiona,
a lo que más deseas,
que te llevan tan lejos de mí
mientras respiras aquí tan cerca.

Y yo me quedo en silencio,
en lo que llegas,
viendo como toda el alma
se me angustia y se me quiebra
en muchos y tantos rostros,
robustos de polvo y piedra,
que mantengo siempre ocultos
cuando despiertas.

No somos, el uno para el otro,
milagro,
ni un país distante, de ensueño
soñado,
ni algún libro vital
que se atesora, ni sándalo
para el alma
y los pies cansados,
ni hilo que zurce
un corazón de harapos,
ni versos que estercolan
nuestro mustio canto.

Somos —me creo,
con los ojos cerrados—
fluir de la conciencia
de lo que hemos callado,
que nos muda,
          de monólogos que en vano
perecen al margen
de algún relato,
          a diálogo voraz.
          que nos muerde los labios
          y nos calla la vida,
juntos, sin embargo.

Cuando giro hacia ti en la cama,
siento atracar la nostalgia
de barcos que ya no han de zarpar.
Entonces me duele intranquila
con velas azules y rotas,
el alma sin norte en su quilla.

Por mar y lunas pasadas
de noches náufragas y perdidas,
se aleja en vuelo mi alma
de la piel que nos ata y nos abisma
en pos de ausencias que el tiempo
convierte en caricias.

De lejos aprecio tu playa,
tus venas y tu clima,
y esa luna nueva que somos
en tanta noche fría
cuando llora nuestro canto
de cisne en las pupilas.

En los azules de otra playa
mi alma íntima,
se sorprende al encontrar
hondamente malheridas
las huellas de otra alma
dolida y fugitiva.

Son tus ojos ya de pronto,
los que miro y me miran,
los que nos regresan
a una nostalgia compartida,
aquí en esta cama
que navega lenta y confundida.

Ése, quién es ése que se aleja
deambulante, caminante,
como los trenes y los ríos
por campos y ciudades,
como oboe merodeando
por un lagrimoso Andante,
perdiéndose fugaz y pasajero
por la orilla de mi sangre.

　　　Lluvia, noche, sol,
　　　vientos implacables;
　　　ocaso y madrugada,
　　　sed y lunas invariables.

Ése, con mochila a cuestas,
sin sombra ni soledad que lo acompañen.

A él, voy a él, me transmuto en él;
a paso firme, me alejo de mi carne.

　　　¿Qué será?... yo no sé,
　　　la vida gris, igual que antes;
　　　la angustia muda y densa,
　　　azahar y azul a torrenciales.

Me pierdo y desemboco
no sé dónde, por su sangre,
y me siento otro, me siento él,
es decir, iguales,
con las mismas huellas
por los huesos, profundas, imborrables.

De pronto un bostezo tuyo
me obliga a regresarme,
me devuelve aquí a tu lado,
a nuestros conocidos ramajes,

y el caminante se va alejando
y no podré jamás ir a buscarle,
ni buscarme tampoco a mí en él
para dejar de extrañarme,
y seguimos tú y yo,
por esta acera, inseparables.

Que seas tú...
que fuera
aquella curva
del sendero

que seamos
suave acorde a veces
disonante
entre silencios

que sea la luna
la que azule
nuestra piel

que el sol
las hojas
los caminos

que sean nubes
palomando
en nuestro nido

...no mirar más al pasado,
no mirarlo más, no sentir
el corazón deshilando
este presente ante la duda
de lo que hemos sido, callados,
y ante lo que sin duda hemos sido
con los ojos cerrados:
el uno al otro tan ciegos,
tan lejos y mudos, extraños.

No dudarnos más,
no dudarnos,
ni rabiar contra las sombras
de lo incierto, en mi vago abrazo
y en tus grises gestos,
ni andar por las ramas en vano
malgastando palabras y hojas
en nuestro relato
que parece que no florece,
que se va deshojando.

No dudarnos, no,
sino caminarnos
por senderos de luz
y de olvido, andando
de nuevo con ansias,
y en llamas aleados,
entre blancas rosas
y azules cardos,
rescribiendo nuestro cuento
en un papel en blanco.

V

EL FUTURO EMPEÑADO
por el presente,
por el delirio en vilo
fugaz y breve.
Breve el aroma
de la dicha que un día
será memoria.

Cada momento un ave
en la ventana,
anidando el cansancio
para echar alas.
Alas al viento,
añorando el futuro
como un recuerdo.

Con la niebla del aire
se va la vida.
Enlazadas las manos
y las sonrisas.
Siéntate y ríe,
que no se escape el tiempo
con ojos tristes.

ACERCA DEL AUTOR

JOSÉ ANTONIO SANTOS es oriundo de Caguas, Puerto Rico. Su poemario *Todo, y las nostalgias* recibió Mención Honorífica del PEN de Puerto Rico Internacional en 2014, al igual que el Primer Premio en el 4to Certamen Nacional José Gautier Benítez de Caguas en 2009. Ese mismo año recibió el Primer Premio de Guiones en el Festival Internacional de Cortometrajes CineFiesta de Puerto Rico por su guión *Regreso a La Floresta*. Es autor de los poemarios *Janus* y *La dicha sin nosotros*. Sus poemas han aparecido en la antología El sol desmantelado – W.H. Auden Revisitado (2007) publicada en Hidalgo, México; en la colección de poemas Shells Upon the Shore (2002) publicada por la "International Library of Poetry" en Estados Unidos; en la columna Rincón Poético del insigne poeta puertorriqueño Jaime Marcano Montañez; y en la revista literaria Borínquen Literario editada por la escritora Ana María Fuster. En 2016 publicó su primer libro de cuentos, *Catorce puertas al silencio*, el cual presentó en la FIL de Santo Domingo 2016 y en la FIL de La Habana 2017.

www.ingramcontent.com/pod-product-compliance
Lightning Source LLC
Chambersburg PA
CBHW020606030426
42337CB00013B/1234